AF315270

VENTE

Des Lundi 15 et Mardi 16 Mars 1897

HOTEL DROUOT, SALLE N° 11

A deux heures un quart

BEAUX MEUBLES

d'époques et de styles

RENAISSANCE, LOUIS XIV, LOUIS XV & LOUIS XVI

SCULPTURES

PORCELAINES & FAIENCES ANCIENNES

Objets de vitrine, Bijoux, Miniatures

TABLEAUX

TAPISSERIES, DENTELLES, ÉTOFFES

<table>
<tr><td>Me G. DUCHESNE</td><td>M. A. BLOCHE</td></tr>
<tr><td>Commissaire-Priseur</td><td>Expert près la Cour d'appel</td></tr>
<tr><td>6, rue de Hanovre, 6</td><td>28, Rue de Châteaudun, 28</td></tr>
</table>

EXPOSITION PUBLIQUE

Le Dimanche 14 Mars 1897

DE 2 HEURES A 6 HEURES

IMPRIMERIE ARTISTIQUE

E. MÉNARD & Cie

Bureaux et Ateliers: PARIS — 8, RUE MILTON

CONDITIONS DE LA VENTE

La vente sera faite *expressément* au comptant.

Les acquéreurs payeront en sus des adjudications *cinq pour cent.*

L'exposition mettant le public a même de se rendre compte de l'état des objets, il ne sera admis aucune réclamation une fois l'adjudication prononcée.

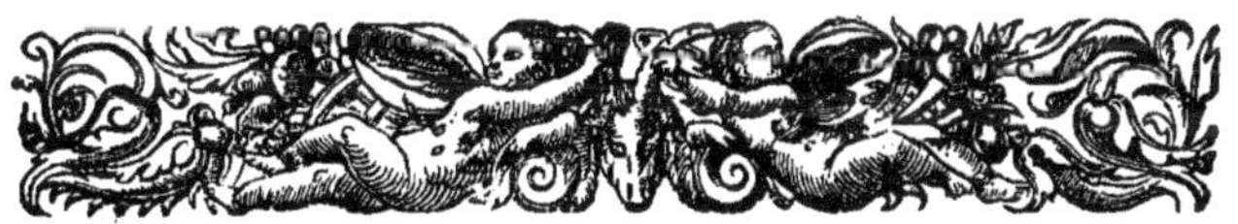

DÉSIGNATION

—

Tableaux

1 — L. BOILLY (Fils). *Le Fidèle Gardien.*
Charmante composition.

2 — BREUGHEL de VELOURS. *Plage avec
voiture de paysans, barques de pêcheuses, etc.*

3 — ÉCOLE FRANÇAISE. *Portrait de Mme de
Maintenon.*

4 — ÉCOLE HOLLANDAISE. *Portrait d'homme
coiffé d'une toque de fourrure.* Miniature d'une
exécution très fine.

5 — ÉCOLE HOLLANDAISE. *Fleurs.*

6 — ÉCOLE MODERNE. *Tête de Chien.*

7 — GOUGELET. *Colombine* XVIIIe *siècle.*

8 — NAVLET. *Le camp de Henri IV.*

9 — PILS (ISIDOR). *Soldat de la ligne aux avant-postes.*

10 — G. STUBS. *Portrait d'un cheval sellé.*

11 — ÉCOLE ITALIENNE. *La Vierge et l'Enfant Jésus.*

12 — TÉNIERS (ABRAHAM). *Le déjeuner de Jambon. Portrait du peintre, un verre à la main.*

13 — VAN BREDA. *Combat entre européens et orientaux.*

14 — VOJAVE (d'après Hobemma). *Le Moulin à eau.*

15 — Huit gravures anciennes encadrées.

MEUBLES

16 — Joli petit secrétaire en bois de luxe satiné
ouvrant à abattant, orné d'une peinture genre
vernis Martin, représentant une scène cham-
pêtre d'après Watteau et à un tiroir avec médaillon à amours, orné de bronzes ciselés et
dorés, dessus à galerie ajourée. Style Louis XV.

17 — Joli petit fauteuil à panier en bois, richement sculpté. Époque Louis XV, Signé Jacob.

18 — Curieux petit métier à broder, en acajou
avec ferrements et marque du fabricant.
Époque Louis XVI.

19 — Petit canapé saut du lit, en bois finement
sculpté et doré, garnie de soierie ancienne.
Style Louis XVI.

20 — Fauteuil Directoire en acajou, orné de
bronzes dorés. Signé Jacob.

21 — Table à jeu formant bureau, avec écritoire
en bois des Iles, marqueté à damier. Époque
Louis XVI.

22 — Belle table de milieu, en bois sculpté et doré. Style Louis XV.

23 — Jolie marquise en noyer sculpté, rehaussé d'or. Style Louis XV, recouverte en soierie brochée.

24 — Grand et beau bahut en noyer sculpté. Style Renaissance.

25 — Bibliothèque en noyer, à colonnes sculptées. Style Renaissance.

26 — Bureau de même style.

27 — Trois fauteuils en noyer, garnis en panne verte.

28 — Divan avec trois coussins en panne verte.

29 — Grande et belle armoire en bois sculpté du temps de Louis XIV.

30 — Beau meuble de salon, en noyer sculpté rehaussé d'or. Style Louis XIV, recouvert en velours de Gênes. Composé de : un canapé, deux fauteuils et quatre chaises.

31 — Belle commode en bois de rose, ornée de bronzes ciselés et dorés. Époque Louis XV.

32 — Deux chaises en noyer, couvertes en cuir de Cordoue.

33 — Buffet ancien, à deux corps, le haut vitré.

34 — Écran Louis XIV, bois sculpté et doré.

35 — Glace Louis XIV, cadre bois sculpté et doré.

36 — Glace Louis XIV, cadre bois sculpté et doré.

37-38 — Deux belles consoles Louis XIV, bois sculpté et doré, avec dessus de marbre.

39 — Belle commode en bois de violette, richement garnie de bronzes ciselés à rocailles. Époque Louis XV.

40 — Beau piano droit de Bord, en palissandre ciré.

41 — Grande table de milieu en marqueterie de Boule, garnie de bronzes.

42 — Meuble de salon en satin broché, composé
de : un canapé et deux fauteuils.

43 — Toilette en bois ciré et marbre rouge.

44 — Écran Louis XIV en bois sculpté, avec
feuille en tapisserie au point et au petit point
à personnages.

45 — Mandoline.

46 — Petit orgue.

47 — Tabouret de pieds, Louis XVI.

OBJETS D'ART

48 — Belle garniture de cheminée en bronze
doré, style Louis XV, composée d'une grande
pendule et deux candélabres.

49 — Paire d'appliques en bronze doré. Style
Louis XVI.

50 — Garniture de cheminée en marbre et
bronze, composée d'une pendule à figure du
penseur et deux candélabres.

51 — Encrier en bronze poli.

52 — Jolie lampe, système Ditmar.

53 — Paire de flambeaux Louis XIII, en cuivre.

54 — Bassinoire Louis XIII, en cuivre repoussé.

55 — Belle garniture de cheminée en bronze doré, style Louis XVI, composée d'une pendule et deux candélabres à dix lumières.

56 — Galerie de foyer de même style.

57 — Paire de jolis candélabres, formés de vases en marbre blanc avec monture et bouquets de fleurs, en bronze ciselé et doré, monture enrichie de strass. Style Louis XVI.

58 — Paire de lampes en porcelaine de Chine, monture en bronze.

59 — Encrier en marbre.

60 — Paire de vases en marbre gris, sur pieds en bronze.

61 — Aiguière en bronze. Style Renaissance.

62 — Quatre pièces en cuivre : cafetière, bouilloire, pots à lait et autre.

63 — Médaillon en bronze : le général Bonaparte par David d'Angers.

64. — Buste en bronze : jeune femme couronnée de roses.

65 — Paire de vases anciens.

66 — Lustre en cristal de roche, monture en bronze.

67 — Statuette en marbre : La Baigneuse, d'après Falconnet.

68 — Deux grosses potiches avec couvercles en vieux Chine, décor gros bleu à rehauts d'or.

69-70 — Deux bustes en bronze, les Augures.

71 — Coupe sur pied en porcelaine de Sèvres, décor gros bleu à filets d'or.

72 — Assiette en porcelaine de Tournai ou Saint-Amant représentant le Château d'Ecouen, bordure gros bleu à feuillages dorés.

73 — Autre avec portrait de la Princesse de
Lamballe, bordure gros bleu à arabesques
dorées et gouttelettes rubis.

74 — Tasse et sa soucoupe en gros bleu de
Sèvres, bordure à lambrequins fond d'or et
fleurs en émaux de couleur.

75-76 — Deux bonbonnières en porcelaine gros
bleu de Sèvres, couvercles ornés de portraits
de femmes Louis XVI.

77 — Deux vases en faïence cloisonnée d'or, décor
à perroquets dans des branchages en émaux
de couleur.

78 — Lampe ancienne de mosquée en cuivre
ajouré et damasquiné d'argent.

79 — Petite vasque en porcelaine de Chine, décor
fond jaune à entrelacs fleuris.

80 — Chat chinois en ancienne faïence.

81 — Deux grandes potiches avec couvercles en
ancienne porcelaine de Chine.

82 — Grande pendule avec socle orné de peintures à fleurs et bronzes dorés. Époque Louis XV.

83 — Bonbonnière en porcelaine de Saxe en forme de chien couché.

84 — Bonbonnière en porcelaine de Saxe en forme de tête de chien.

85 — Assiette en faïence genre Rouen.

86 — Service en porcelaine de Saxe, décor grisaille composé de : vingt assiettes, cinq compotiers, deux raviers, sept tasses avec soucoupes.

87. — Trois soucoupes en vieux Sèvres de divers décors.

88-89 — Bouquetière et porte-burettes en faïence décorée.

90 — Vase en faïence de Lachenal, décor à plantes.

91 — Encrier faïence de Gien.

92 — Sucrier porcelaine de Chine, décor à fleurs.

93 — Deux flacons en verre de Bohême, gravé et doré.

94 — Deux assiettes de Moustiers, décor au Chinois.

95 — Vasque en porcelaine du Japon à décor bleu.

96 — Vase forme bouteille en craquelé rouge haricot.

97 — Statuette en ivoire : L'ivresse.

98-99 — Deux statuettes l'une en biscuit l'autre en terre cuite.

100 — Groupe en terre cuite par Madrassi : Jeune fille tourmentée par deux amours.

101 — Grande miniature, portrait de femme, cadre sculpté.

102 — Parure en acier repoussé, composée d'une broche, d'un collier, de deux bracelets et d'une paire de boucles d'oreilles.

103 — Grande et belle miniature : Portrait de Madame de Pompadour représentée assise dans un parc.

104 — Miniature ovale : Portrait de Mademoiselle Guimard, d'après Trinquesse.

105 — Belle miniature carrée : Portrait de Mademoiselle Guimard, d'après Fragonard.

106 — Jolie miniature carrée : Portrait de Dame en costume de la Convention.

107-121 — Divers lots d'objets de vitrine et d'étagère.

122 — Canne ancienne.

123 — Cachet ancien en or de couleur.

124 — Broche en filigrane d'argent avec pierres de couleur et perles.

125 — Très belle châtelaine avec boîte de montre en argent et or ciselé, à armoiries et rinceaux.

126 — Miniature : Le petit lever.

127 — Miniature : Pauline Bonaparte, princesse
Borghèse.

128 — Miniature : L'Impératrice Joséphine.

129 — Miniature : Princesse de Lamballe.

129 *bis* — Miniature : Madame Récamier, d'après
Gérard.

130 — Miniature : Marie-Antoinette.

131 — Miniature : Marie Stuart.

132 — Miniature : Portrait de femme du moyen-
âge.

133 — Table formée par trois plateaux en cuir
frappé, monture bambou et bronze.

134 — Corbeille avec plateau en porcelaine de
Chine vert et or.

135 — Paire de vases en porcelaine de Chine bleu
et blanc, décor à fleurs et oiseaux.

136 — Deux socles en bois de fer, dessus marbre.

137 — Jardinière en bronze, anses à têtes d'éléphants.

138 — Paire de vases en émail cloisonné du Japon, fond vert, décor à fleurs de lotus.

139 — Boudha en bois sculpté.

140 — Paon en bronze cloisonné du Japon.

141 — Deux bouteilles plates en porcelaine de Kaga, décor à personnages.

142 — Brûle-parfum en bronze forme ovale, décor à fleurs et chimères, couvercle surmonté d'un coq.

143 — Trois groupes de personnages japonais en grés.

144 — Vasque en bronze forme rectangulaire décorée d'ibis.

145 — Grand aquarium en terre cuite émaillée avec application de personnages japonais.

146 — Deux diables en bronze du Japon supportant des vases décorés de personnages.

147 — Soupière en porcelaine d'Imari.

148 — Paire de vases en faïence de Kioto fond gris, décor à fleurs et branchages.

149 — Gourde à anse en bronze cloisonné.

150 — Belle paire de vases en bronze noir côtelé, décor à fleurs branchages et oiseaux.

151 — Paire de vases en porcelaine polychrôme, décorés de personnages en relief.

152 — Brûle-parfum en fer, forme boule, orné de deux belettes en bronze.

TAPISSERIE, TAPIS, ÉTOFFES, DENTELLES

153-154 — Deux beaux panneaux en tapisserie d'Aubusson.

155 — Beau panneau en soie de Chine, brodé sur fond rouge.

156 — Coupon soie rouge brochée à insectes.

157 — Deux bandeaux soie brocart chinois et japonais.

158 — Quatre coupons soie brochée, fond gris.

159 — Coupon soie turquoise claire.

160 — Coupon soie Louis XVI, à rayures.

161 à 164 — Quatre coupons de Damas de soie rouge (seront divisés).

165 — Coupon de Damas jaune.

166 — Chasuble soie, fond violet.

167 — Dalmatique sur fond crème à fleurs.

168 — Deux dalmatiques Renaissance.

169 — Quatre petits coupons, étoffe brochée à grosses fleurs.

170 — Grande carpette orientale.

171 — Coupon en Chantilly.

172 — Trois coussins en soie, tapisserie et application.

173 — Tapis oriental.

174 — Bandeau en tapisserie.

175 à 177 — Sept Bonnets orientaux en broderie métallique.

178 à 182 — Treize bandeaux, tapis et étoffes diverses.

183 — Une bourse.

184 — Vingt paires de gants.

185 — Tapis ancien d'Orient, décor polychrome.

186 à 195 — Diverses chasubles et dalmatiques en soierie ancienne, brochée d'argent et de soie.

196 à 200 — Lot de soierie ancienne.

201 — Burnous fond brun, brodé de métal.

202 — Objets omis.

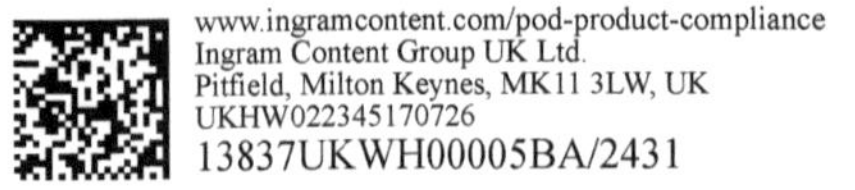